AF340422

LETTRES

PATENTES

DV ROY,

POVR L'ETABLISSEMENT d'vne Academie Royale de Danse, en la ville de Paris.

Mars 1661

LOVIS PAR LA GRACE DE DIEV ROY DE FRANCE ET DE NA-VARRE, A tous presens & à venir, Salut. Bien que l'Art de la Danse ait toûjours esté reconnu l'vn des plus honnestes

A ij

& plus neceſſaires à former le corps, & luy donner les premieres & plus naturelles diſpoſitions à toute ſorte d'exercices, & entre autres à ceux des armes; & par conſequent l'vn des plus avantageux & plus vtiles à noſtre Nobleſſe,& autres qui ont l'honneur de nous approcher, non ſeulement en temps de guerre dans nos armées, mais meſme en temps de paix dans le divertiſſement de nos Ballets : Neanmoins il s'eſt pendant les deſordres & la confuſion des dernieres guerres, introduit dans ledit Art, comme en tous les autres, vn ſi grand nombre d'abus capables de les porter à leur ruïne irreparable, que pluſieurs perſonnes pour igno-

LETTRES PATENTES DV ROY,

POVR L'ÉTABLISSEMENT de l'Academie Royale de Danse en la ville de Paris.

Verifiées en Parlement le 30. Mars 1662.

A PARIS,

Chez PIERRE LE PETIT, Imprimeur
& Libr. ord. du Roy, rüe S. Iacques,
à la Croix d'Or.

M. DC. LXIII.

AVEC PRIVILEGE DV ROY.

BIBLIOTHEQUE ROYALE

rans & inhabiles qu'ils ayent
esté en cet Art de la Danse, se
sont ingerez de la monstrer
publiquement; en sorte qu'il
y a lieu de s'étonner que le petit nombre de ceux qui se sont
trouvez capables de l'enseigner ayent par leur étude &
par leur application si long-
temps resisté aux essentiels defauts dont le nombre infiny
des ignorans ont tâché de la
défigurer & de la corrompre
en la personne de la plus grande partie des Gens de qualité :
Ce qui fait que nous en voyons
peu dans nostre Cour & suite,
capables & en estat d'entrer
dans nos Ballets, & autres
semblables divertissemens de
Danse, quelque dessein que
nous en eussions de les y ap-

A iij

6

peller. A quoy eſtant neceſſai-
re de pourvoir, & deſirans ré-
tablir ledit Art dans ſa premiere perfection, & l'augmen-
ter autant que faire ſe pourra:
Nous avons jugé à propos d'é-
tablir en noſtre bonne ville de
Paris, vne Academie Royale
de Danſe, à l'exemple de celles de Peinture & Sculpture,
compoſée de treize des Anciens & plus experimentez au
fait dudit Art, pour faire par
eux en tel lieu & maiſon
qu'ils voudront choiſir dans
ladite ville, l'exercice de toute
ſorte de Danſe ſuivant les Statuts & reglemens que nous en
avons fait dreſſer en nombre
de douze principaux articles.
A CES CAVSES, & autres bon-
nes conſiderations à ce nous

mouvans, nous avons par ces
presentes signées de noſtre
main, & de noſtre pleine puiſ-
ſance & autorité Royale, dit,
ſtatué & ordonné, diſons, ſta-
tuons, & ordonnons, voulons
& nous plaiſt, qu'il ſoit inceſ-
ſamment étably en noſtredite
ville de Paris, vne Academie
Royale de Danſe, que nous
avons compoſée de treize des
plus experimentez dudit Art,
& dont l'adreſſe & la capacité
nous eſt connüe par l'expe-
rience que nous en avons ſou-
vent faite dans nos Ballets, où
nous leur avons fait l'honneur
de les appeller depuis quelques années, ſçavoir de François Galland ſieur du Deſert,
Maiſtre ordinaire à Danſer de
la Reine noſtre tres-chere

A iiij

8

Epouse, Iean Renauld Maî-
tre ordinaire à Danser de nôtre tres-cher & vnique Frere
le Duc d'Orleans, Thomas
le Vacher, Hilaire d'Olivet,
Iean & Guillaume Reynal,
freres, Guillaume Queru, Nicolas de l'Orge, Iean François
Piquet, Iean Grigny, Florent
Galland Desert, & Guillaume
Renauld; lesquels s'assemble-
ront vne fois le mois, dans tel
lieu ou maison qui sera par
eux choisie & prise à frais communs pour y conferer entre
eux du fait de la Danse, aviser
& deliberer sur les moyens de
la perfectionner, & corriger
les abus & defauts qui y peuvent avoir esté ou estre cy-aprés introduits; tenir & regir
ladite Academie suivant &

conformément auſdits Statuts & Reglemens cy-attachez ſous le contreſeel de noſtre Chancellerie : leſquels nous voulons eſtre gardez & obſervez ſelon leur forme & teneur : Faiſant tres-expreſſes défenſes à toutes perſonnes de quelque qualité qu'ils ſoient, d'y contrevenir aux peines y contenuës, & de plus grande s'il y écheoit. Voulons que les ſuſnommez & autres qui compoſeront ladite Academie, jouïſſent à l'inſtar de ladite Academie de Peinture & Sculpture, du droit de Committimus, de toutes leurs cauſes perſonnelles, poſſeſſoires, hypotequaires ou mixtes, tant en demandant que défendant par devant les Maiſtres des Requê-

tes ordinaires de noſtre Hô-
tel, ou aux Requeſtes du Pa-
lais à Paris, à leur choix, tout
ainſi qu'en jouïſſent les Officiers commenſeaux de noſtre
Maiſon, & décharge de toutes
Tailles & Curatelles, enſemble de tout Guet & Garde.
Voulons que ledit Art de Danſe ſoit & demeure pour toûjours exemt de toutes Lettres
de Maîtriſe, & ſi par ſurpriſe ou
autrement en quelque maniere que ce ſoit, il en avoit eſté
ou eſtoit cy-aprés expedié aucune ; Nous les avons dés à
preſent revoquées, déclarées
nulles & de nul effet; faiſant
tres-expreſſes défenſes à ceux
qui les auront obtenuës de s'en
ſervir à peine de quinze cens
livres d'amende, & autant de

dommages & interefts, applicable à ladite Academie. Sr DONNONS EN MANDEMENT à nos Amez & Feaux les Gens tenans noftre Cour de Parlement de Paris, que ces prefentes ils ayent à faire lire, publier & regiftrer, & du contenu en icelles, faire jouïr & vfer ledit Defert, Renauld & autres de ladite Academie Royale, ceffant & faifant ceffer tous troubles & empefchemens contraires: CAR TEL EST NOSTRE PLAISIR. Et afin que ce foit chofe ferme & ftable à toûjours, nous avons fait mettre noftre feel à cefdites prefentes, fauf en autres chofes noftre droit, & l'autruy en toutes. DONNE' à Paris au mois de Mars, l'an de grace 1661. & de noſtre regne le 19. Signé LOVYS, & ſur le reply par le Roy, DE GVENE-GAVD, pour ſervir aux Let-tres pour l'eſtabliſſement d'vne Academie Royale de Danſe.

Viſa, SEGVIER.

Regiſtrées, ouï, à ce conſentant le Procureur General du Roy, pour jouïr par les impetrans de l'effet & contenu en icelles, aux charges portées par l'Arreſt de Verification de ce jour, à Paris en Parlement le 30. Mars 1662. DV TILLET.

Statuts que sa Majesté veut & entend estre observez en l'Academie Royale de Danse, qu'elle desire estre establie en la ville & fauxbourgs de Paris, à l'instar de celles de Peinture & Sculpture.

PREMIEREMENT, ladite Academie sera composée des plus Anciens & plus experimentez Maistres à Danser, & plus experts au fait de la Danse, au nombre de treize, sçavoir de François Galland Sieur du Desert, Maistre ordinaire à Danser de la Reine, Iean Renauld Maistre à Dan-

ser de Monsieur Frere du Roy,
Thomas le Vacher, Hilaire
d'Olivet, Guillaume Queru,
Iean & Guillaume Reynal,
Nicolas de l'Orge, Iean François Piquet, Iean Grigny, Florent Galland Desert, & Guillaume Renauld.

II.

Lesdits treize Anciens s'af-
sembleront vne fois le mois
au lieu ou maison qui sera à
cet effet par eux choisie, &
prise à frais communs, pour
conferer entre eux du fait de
Danse, aviser & deliberer sur
les moyens de la perfectionner, & corriger les abus qui y
peuvent avoir esté ou pourroient estre introduits.

III.

Il sera fait choix entre

lefdits Anciens de deux d'entre eux, pour à tour de roolle fe trouver le Samedy de chaque Semaine pour y recevoir ceux des autres Maiftres à Danfer, ou autres qui fe voudront entremettre d'enfeigner la Danfe, & les inftruire touchant la maniere de Danfer, & monftrer tant les anciennes que nouvelles Danfes, qui auront efté ou feront inventées par lefdits treize Anciens ; en forte que ceux qui s'en voudront inftruire, fe puiffent rendre plus capables de monftrer & éviter les abus & les mauvaifes habitudes qu'ils pourroient pour ce avoir contractées.

IV.

Toute forte de perfonnes de

quelque qualité & condition qu'ils soient, Maiſtres, fils de Maiſtres & autres, auront entrée dans ladite ſalle, & ſeront receus à s'inſtruire des choſes ſuſdites, & les apprendre de la bouche & par les enſeignemens qui ſeront donnez par leſdits Anciens aux autres Maiſtres dudit Art.

V.

Pourront auſſi les autres Anciens deſdits treize ſe trouver dans ledit lieu ou ſalle, avec leſdits Deputez, ledit jour, pour y donner leur avis ſur les choſes qui s'y preſenteront, & les inſtructions & enſeignemens qui leur ſeront demandez touchant leſdites Danſes, quoy qu'ils ne ſoient pas de ſervice

service & de semaine en ladite Academie.

VI.

Les autres Maiſtres enſei-
gnans la Danſe dans ladite ville & fauxbourgs de Paris,
pourront aſpirer à eſtre du
nombre deſdits Anciens &
Academiſtes, & eſtre receus
& admis en ladite Academie,
en cas qu'ils en ſoient jugez
dignes & capables par leſdits
Anciens à la pluralité desvoix.
Aprés que leſdits aſpirans auront en la preſence deſdits
Anciens, au jour qui ſera par
eux à cet effet aſſigné, fait
exercice de toute ſorte de
Danſes tant anciennes que
nouvelles, & meſme de pas
de Ballet, en payant par leſdits aſpirans la ſomme de cent

B

cinquante livres pour les fils de Maiſtres, & trois cens livres pour les autres, leſdites ſommes applicables aux ornemens, frais & dépenſes communes de ladite Academie.

VII.

Tous ceux qui voudront faire profeſſion de Danſe en ladite ville & fauxbourgs, ſeront tenus de faire enregiſtrer leurs noms & demeures, ſur vn regiſtre qui ſera à cet effet tenu par leſdits Anciens, à peine par eux de demeurer décheus des privileges de ladite Academie, & de la faculté d'eſtre jamais admis dans le nombre deſdits Anciens & Academiſtes.

VIII.

Ceux deſdits Anciens &

autres faisans profession de la Danse, qui auront fait ou voudront faire inventer & composer quelque Danse nouvelle, ne la pourront monstrer, qu'elle n'ait esté préalablement veuë & examinée par lesdits Anciens, & par eux approuveé à la pluralité des voix, eux à cet effet assemblez aux jours à ce destinez

IX.

Les deliberations qui seront prises concernant le fait de la Danse, par lesdits Anciens assemblez comme dessus, seront executées selon leur forme & teneur, tant par lesdits Anciens que par les autres faisans profession de la Danse & aspirans à ladite Academie, aux peines cy-dessus, & de cent cinquante livres d'amende contre chacun des contrevenans.

X.

Pourront lesdits Anciens Academistes, & leurs enfans, monstrer & enseigner en cette ville & fauxbourgs de Paris, & ailleurs en l'étenduë du Royaume, toute sorte de Danses, sans qu'ils puissent estre, pour quelque cause ou prétexte que ce soit, obligez, necessitez ou contraints, de prendre à cause de ce aucunes Lettres de Maistrise, ny autre pouvoir que celuy qui leur sera pour ce donné par ladite Académie, en la maniere & dans les formes cy-dessus.

XI.

Le Roy ayant besoin de per-

fonnes capables d'entrer &
Danfer dans les Ballets & autres divertiffemens de cette
qualité , fa Majefté faifant
l'honneur à ladite Academie
de l'en faire avertir , lefdits
Anciens font tenus de luy en
fournir inceffamment d'entre eux ou autres tel nombre
qu'il plaira à fa Majefté d'or-
donner.

XII.

Les affaires communes de
ladite Academie feront pour-
fuivies , fouftenües & défen-
dües par lefdits Academiftes,
à frais communs dont le fond
fera regalé & fait entre eux,
ainfi qu'il fera à cet effet par
eux avifé à la pluralité des
voix,eux à cet effet affemblez

22

en la maniere cy-deſſus.

ENREGISTREMENT.

Regiſtrez, ouï, & ce conſentant le Procureur General du
Roy, pour eſtre executez ſelon
leur forme & teneur, ſuivant
l'Arreſt de Verification de ce
jour, à Paris en Parlement le
30. Mars 1662. DV TILLET.

Deliberation de l'Academie Royale de Danse, contenant la reception du Sieur Bernard de Manthe, en la place du feu Sieur le Vacher, & le reglement des rangs & seances des Academistes, du 16. Avril 1662.

ASSEMBLEZ en Academie les Sieurs François Galand sieur du Desert, Maître à Danser de la Reine, Iean Renauld Maistre à Danser du Roy, en survivance de Monsieur Prevost, & Maistre à Danser de Monsieur, Frere du

24

Roy, Guillaume Queru, Hilaire d'Olivet, Bernard de Manthe, Iean Reynal, Nicolas de l'Orge, Guillaume Renauld, Iean Piquet, Florent Galand du Defert, Iean de Grigny & Guillaume Reynal, Maiftre à Danfer de Monfeigneur le Dauphin.

Par le Sieur du Defert a efté reprefenté que le Sieur le Vacher cy-devant nommé par le Roy, pour remplir l'vne des places de l'Academie, eftant mort, & eftant neceffaire de faire choix d'vne perfonne capable pour mettre en fon lieu, fous le bon plaifir de fa Majefté; il croit que la compagnie ne pourroit faire vn meilleur choix que celuy du Sieur Bernard de Manthe, qui a le fervice

vice & les qualitez requifes pour cela, & a prié la compagnie d'y déliberer.

SVRQVOY, ledit Sieur de Manthe eftant forty, il a efté refolu d'vne commune voix qu'il feroit receu, & à l'inftant eftant rentré, il a prefté le ferment en tel cas requis, d'obferver les Statuts & ordres de l'Academie, & a pris fa place.

Et ayant auffi efté propofé de regler les rangs des Academiftes, afin qu'il n'arrive jamais aucune conteftation entre eux, & qu'ils puiffent conferver l'vnion & l'intelligence qui y eft fi neceffaire, pour faire fubfifter & fleurir leur Academie; Il a efté refolu qu'en tous Actes & Affemblées generales & particulieres, Contrats & Déliberations, lesdits Academistes seront rangez suivant que leurs noms, sont écrits en la presente Délibera-tion, sans que cet ordre puisse à l'avenir estre interrompu pour quelque cause & occasion que ce soit, & à la charge que ceux qui y seront cy-aprés receus, n'y pourront prétendre aucun rang que par l'ordre de leur reception.

Arrest du Parlement de Paris, qui démet les Maistres Violons, de l'opposition par eux formée à l'enregistrement des Lettres d'établissement de l'Academie de Danse.

Extraict des Registres de Parlement. Du 30 Aoust 1662

ENTRE Guillaume Dumanoir, Violon ordinaire du Roy, & consorts, demandeurs aux fins de deux Requestes presentées à la Cour, les premier & quatre Avril dernier; la premiere tendante à ce qu'ils fussent receus opposans à l'enregistrement des Lettres de Maistrise à Danser & établissement d'Academie pour la Danſe, obtenuës par les défendeurs, cy-aprés nommez; enſemble de l'Arreſt de Verification d'icelles, ſi aucun y a, que ſur l'oppoſition les parties auroient audience au premier jour: Cependant défenſes auſdits défendeurs & tous autres, de contrevenir auſdites Statuts, ny de s'immiſcer en l'Art & Maiſtriſe de la Danſe, ny tenir aucune Academie, ny joüer d'inſtrumens, ſinon aux conditions des Statuts deſdits demandeurs, ſur les peines portées de rupture de leurs inſtrumens & de priſon: & la ſeconde à ce que la premiere fuſt enterinée, qu'ils fuſſent receus oppoſans à l'execution de l'Arreſt du 30. Mars dernier. Fai-

fant droit fur ladite oppofition, que défenfes diffinitives
fuffent faites aufdits défendeurs, de s'immifcer en ladite
Academie à Danfer ; ordon-
ner que les Statuts & Arrefts
d'enregiftrement des joüeurs
d'inftrumens, feroient exec-
cutez felon leur forme & teneur, défenfes d'y contrevenir,
d'vne part : François Galland
Sieur du Defert, Iean Re-
nauld, Iean & Guillaume
Reynal, Iean & François Piquet & conforts, Maiftres és
exercices de la Danfe, Défendeurs d'autre, fans que les
qualitez puiffent préjudicier.
Aprés que Ifalis, pour lefdits
Galand & conforts, a deman-
dé la reception de l'appointe-
ment, en prefence de Ravier

30
Avocat des Demandeurs :
Ouï Bignon pour le Procu-
reur General du Roy , La
Covr ordonne que l'appoin-
tement fera receu : ce faifant
fur les requeftes & oppofition
defdits Dumanoir & conforts,
a mis & met les parties hors de
Cour & de procés, fait en Parlement le 30. jour d'Aouft
1662. DV TILLET.

*Collationné aux Originaux,
par moy Conſeiller Secretaire du
Roy, Maiſon & Couronne de
France & de ſes Finances.*

ETABLISSEMENT
DE
L'ACADEMIE
ROYALE
DE DANSE
EN LA VILLE DE PARIS.

AVEC VN DISCOVRS Academique, pour prouver que la Danse dans sa plus noble partie n'a pas besoin des instrumens de Musique, & qu'elle est en tout absolument indépendante du Violon.

DISCOVRS
ACADEMIQVE

Pour prouver que la Danse dans sa plus noble partie n'a pas besoin des instrumens de Musique, & qu'elle est en tout absolument indépendante du Violon.

IL estoit difficile de s'imaginer que la Danse & les instrumens qui avoient vécu en bonne intelligence depuis plusieurs siecles, se pûssent broüiller dans le nôtre, où l'vne & les autres sont en leur perfection ; On avoit crû que leur societé avoit esté

formée sur celle de l'harmonie
& du mouvement des cieux,
& qu'elle devoit durer autant
que le monde ; Aussi la Danse
proteste qu'elle n'a rien con-
tribué à leur discord, qu'elle
a esté toûjours promte à suivre
leurs mouvemens, tandis qu'-
ils ont bien voulu s'accom-
moder aux siens, & conserver
cette égalité qui fait & qui
maintient les societez : Mais
lors que le Violon enflé d'or-
gueil de se voir introduit dans
le cabinet du plus grand des
Rois, & de se voir favorable-
ment écouté dans tous ses divertissemens, a voulu se donner vne superiorité inouïe, &
que le Luth, ny pas vn des autres instrumens, n'avoit jamais
prétendu sur la Danse ; Elle a
crû devoir s'opposer à cette

nouveauté, & faire connoistre
son indépendance de la Musique: A quoy elle a si bien reüs-
si, que le Roy à qui la Provi-
dence a donné, avec mille autres qualitez Royales, vn dis-
cernement admirable, a trou-
vé juste de faire vne Academie de Danse, où il n'entre
aucune chose de la Musique
ny des instrumens, afin de faire voir qu'encore que la Danse & le Violon se soient joints
en mille rencontres pour son
divertissement, ils n'ont pas
fondu l'vn dans l'autre, & qu'il
n'y a nulle raison de les con-
fondre.

Et quoy que le jugement du
plus éclairé & du plus absolu
de tous les Rois, deust suffire
à la Danse pour luy faire croire
que toutes les personnes rai-

sonnables la consideleront à l'avenir comme indépendante des instrumens de Musique, & comme vn corps qui peut facilement subsister sans estre animé par leur harmonie ; Elle a bien voulu justifier cette verité par ce petit discours pour la satisfaction de sa Majesté-mesme, qui prend toûjours plaisir de voir ses sentimens autorisez par la raison, & pour la conviction entiere de ceux qui pourroient douter qu'on peut separer deux corps qui ont eu vne si longue & si étroite liaison.

La Danse ne dira rien qui ne soit avantageux à la Musique, pour qui elle conservera toûjours beaucoup d'estime : elle tâchera seulement de montrer son indépendance & ses avantages contre le Violon qui la vouloit assujettir, & quoy que les contestations qui naissent sur le sujet des rangs & des préseances soient toûjours aigres, l'on ne verra rien dans ce discours qui porte ce caractere.

La Musique & tous les instrumens dont elle se sert pour composer l'harmonie qui luy a donné tant d'estime & de reputation dans toutes les Nations policées, ont tiré leur origine des sons naturels, qui dans l'enfance du monde & par vn consentement vniversel ont esté jugez agreables, soit qu'en effet ces sons eussent quelque proportion avec l'harmonie de nostre ame, ou qu'ils eussent seulement la faculté de flater agreablement nos oreilles, comme les belles couleurs flatent nos yeux ; ainſi l'on ne peut pas conteſter que tous les inſtrumens de Muſique ne ſoient inventez pour le plaiſir de l'ouïe ſeulement. Et en effet, ſi nous conſultons le gouſt & l'attouchement, ils nous diront qu'ils n'y trouvent rien de ſavoureux ny de doux; & la veuë qui ſe meſle de controller tout ce qui touche les autres ſens, dira qu'elle n'y void rien qui ne la choque, & l'onſçait bien que de quelques ornemens qu'on pare les Violons dans les aſſemblées, on les trouve toûjours plus beaux quand on ne les void pas.

La Danſe au contraire n'a rien que l'oreille puiſſe entendre, ſon premier employ dans la plus obſcure antiquité fut de faire voir par des ſignes &

par des mouvemens du corps
les secrets sentimens de l'ame,
afin de perfectionner cette expression generale que la nature
avoit enseignée à tous les hommes pour se faire entendre par
signes aux lieux où leur langa-
ge n'estoit pas connu. A quoy
plusieurs reüssirent si bien en
recherchant & en imitant par
leurs gestes & par leurs visages,
les caracteres de tous les desirs
& de toutes les passions, qu'vn
Auteur celebre * a dit qu'on *Eras. l.
entendoit mieux leurs signes 8. apoph.
que leurs paroles. Sortant de
cet employ general qui fut
rendu inutile par la connois-
sance des langues, elle se fixa
à l'expression de la joye & de
la tristesse seulement, & de-
vint vne partie de la religon
des Grecs, qui luy associerent

alors la Musique, & qui en l'exprimant par vn nom equivoqué avec l'assemblage de ses parties *donnerent si ... à la confusion qu'on y a depuis voulu mettre. Elle ne s'arresta pas long-temps à cette destination particuliere, elle fut deslors employée aux exercices de la guerre, & des Nations entieres la receurent pour la marche ordinaire de leur milice. Vn grand Capitaine Athenien *qui n'estoit pas trop galand, luy a rendu ce témoignage qu'elle estoit tres-propre pour former les hommes aux exercices militaires. Et les Romains *qui parmy leurs galanteries mesloient toûjours quelque combat de gladiateurs, n'ont pas fait de difficulté de la recevoir parmy

*χορεία chorea.

*Epami-nondas.

*Dion in vit. Ca-lig.

parmy les divertissemens vtiles à la Republique.

La France la reconnoist depuis long-temps pour le com-
mencement necessaire de tous
les beaux exercices; c'est elle
qui corrige les défauts naturels du corps & qui en change
les mauvaises habitudes; c'est
elle qui luy donne cet air aisé
& cette grace qui répandent
tant d'agréement dans toutes
ses actions; c'est elle qui en-
seigne à ceux qui la cultivent,
l'art d'entrer agreablement
dans les compagnies, & d'y ga-
gner cette premiere & promte
approbation qui fait quelquefois leur fortune, & toûjours
leur joye avec celle des spe-
ctateurs; c'est elle qui leur ap-
prend à se démêler avec bien-
seance & sans desordre, des

D

lieux les plus embarrassez; c'est elle qui leur facilite l'exercice de monter à cheval & celuy de faire des armes; c'est elle qui les rend plus propres à servir leur Prince dans les batailles, & à luy plaire dans les divertissemens.

Le Violon n'entre pour rien en toutes ces choses, & s'il est quelquefois meslé avec la Danse, il faut qu'il avoüe que ce n'est que dans la partie qui regarde le plaisir seulement; & encore ne peut-il pas nier que cet avantage ne luy soit commun avec tous les autres instrumens de Musique. Il ne peut pas aussi desavoüer qu'il ne soit absolument inutile à ceux qui apprennent à Danser, qui ne sçauroient suivre la cadence du Violon sans a-

voir auparavant appris à faire
les pas, à porter leurs corps &
à former les figures neceſſaires : De ſorte qu'on peut dire
avec verité que le Violon n'eſt
à la Danſe , que ce que les
Tambours & les Trompettes
ſont à la guerre : car comme
ces derniers animent les com-
battans par des ſons accom-
modez à la rapidité & à la fe-
rocité de l'action, & qu'ils ne
leur monſtrent point en quelle figure ny de quelle maniere
ils doivent combattre, pour ce
que cet ordre regarde de plus
nobles Officiers ; le Violon ne
fait autre choſe qu'animer les
Danſeurs, qui demeureroient
immobiles à tous ſes mouvemens s'ils n'avoient auparavant appris de leurs Maiſtres,
ce qu'ils doivent faire tandis

que les Violons joüent. Et
comme il paroiſtroit ſans doute ridicule que les Tambours
& les Trompettes ſe vouluſ-
ſent attribuer quelque ſupe-
riorité ſur les Aydes de camp
& ſur les Sergens de bataille,
pour avoir ſonné l'attaque ou
la retraite, lors que ces illu-
ſtres Officiers faiſoient battre
ou retirer les troupes ; il faut
avoüer qu'il y a eu quelque
choſe d'étrange en la penſée
que les Violons ont eu de s'e-
riger en Rois & en Maiſtres
de la Danſe, pour avoir ſonné tandis que par des mouvemens étudiez, par des pas con-
certez, par des figures reglées,
& par mille & mille démar-
ches éloquentes, la Danſe tâ-
choit de faire parler des muets
aux yeux des ſpectateurs, &

de reprefenter des hiftoires, où fans prologue, fans recit, & fans aucun fecours de la voix elle fait connoiftre la nature, la condition, l'eftat & la paffion des perfonnes qu'elle reprefente.

Que s'il falloit encore comparer l'vtilité du Violon avec celle de la Danfe, il ne feroit pas difficile de faire voir que tout l'avantage eft du cofté de la derniere, puis que le Violon ne produit qu'vn fon agreable à la verité, mais qui fe perd en l'air aprés avoir vn peu flaté l'oreille, fans laiffer aucune impreffion vtile de fon harmonie, au corps, ny à l'efprit, au lieu que la Danfe outre les agréemens qu'elle employe au divertiffement des yeux, forme encore en ceux qui la pra-

tiquent, & laiſſe dans l'eſprit
de ceux qui la voyent, des im-
preſſions de bien-ſeance &
de démeſlement qui peuvent
eſtre de quelque avantage à la
Nation, ſoit pour la politeſſe
ou pour la facilité des exercices militaires.

Que s'il falloit parler des
qualitez neceſſaires aux perſonnes qui Danſent & à celles
qui joüent du Violon, il ne ſe-
roit pas difficile de faire voir
que les Danſeurs ont tout l'a-
vantage, car ils doivent eſtre
bien faits du corps, & l'on ſçait
qu'vne formation heureuſe &
agreable eſt quaſi toûjours vne
marque de la bonté de l'ame,
ils doivent eſtre naturellement
adroits & débarraſſez, ils doivent avoir le corps & l'eſprit
ſouples, & ils ne ſçauroient

s'introduire chez les perſonnes de condition, ſans avoir ou
ſans contracter des teintures
d'onneſteté & de courtoiſie,
qui ſuppoſent preſque toûjours vne honneſte naiſſance,
ou du moins vne bonne édu-
cation.

Les joüeurs de Violon n'ont
pas beſoin de tout cela, ils peuvent eſtre boiteux, aveugles
& boſſus, ſans que perſonne
s'en ſcandaliſe, il ne leur faut
que l'oreille & les bras pour
bien joüer; & quoy que la pluſ-
part de ceux qui ſont aujour-
d'huy dans les charges ſoient
fort bien faits, & honneſtes
gens, ils avoüeront ſans doute
qu'ils pourroient avoir moins
de mine & moins d'honneſte-
té, & ne laiſſer pas d'eſtre de
fort bons Violons.

Mais pour finir par le plus grand avantage que la Danſe ait jamais remporté ſur le Violon, elle dira que le Roy qui n'a negligé aucune des belles connoiſſances qui peuvent cõpatir avec la Majeſté Royale, n'a pas dédaigné d'employer cette merveilleuſe adreſſe qu'il a receuë du Ciel pour tous les beaux exercices, à celuy de la Danſe qu'il ſçait en perfection, & qu'il a bien voulu eſtre Protecteur de ſon Academie, & luy donner pour Vice-Protecteur, Monſieur le Comte de Saint-Aignan, qu'on ſçait eſtre vn des plus ſpirituels & des plus galans hommes de ſa Cour.

FIN.

BIBLIOTHEQUE ROYALE

www.ingramcontent.com/pod-product-compliance
Lightning Source LLC
LaVergne TN
LVHW010332030726
842520LV00004B/1408